ALTERNATIV HEILEN

Herausgegeben von Gerhard Riemann

Erich Ballinger wurde 1943 in Grau geboren. Nach seiner Ausbildung unterrichtete er bis 1966 als Volksschullehrer in der Oststeiermark. Vier Jahre Auslandsaufenthalt mit ausgedehnten Reisen, Studium und Unterrichtstätigkeiten in den USA und Südamerika. Wiederaufnahme der Lehrtätigkeit in Österreich. Seit 1992 freiberuflich tätig als Illustrator von Schul-, Jugend- und Kinderbüchern.

Dieses Buch entstand ...
... mit Unterstützung des INSTITUTS FÜR ANGEWANDTE KINESIOLOGIE
FREIBURG auf der Grundlage der Erfahrungen und Untersuchungen von Dr. Paul
E. Dennison. Dieser amerikanische Pädagoge begründete in den letzten zwanzig Jahren einen völlig neuen Weg des Lernens, der über das Bewegungssystem des Menschen führt und den er unter den Bezeichnungen Brain-Gym® und Edu-Kinestetik
systematisierte. Das Freiburger Institut hat diese Methode in den deutschsprachigen
Raum eingeführt und veranstaltet seit Jahren regelmäßig Schulungen in diesem Bereich. Nähere Informationen direkt von:

Institut für Angewandte Kinesiologie Freiburg
Zasiusstraße 67
Tel.: 0761/72729
Fax: 0761/706384

Dieses Buch wurde auf chlor- und
säurefreiem Papier gedruckt.

Vollständige Taschenbuchausgabe Juni 1995
Droemersche Verlagsanstalt Th. Knaur Nachf., München
Titel der Lizenzausgaben:»Alex mit den rosa Ohren« und»Lerngymnastik«
»Alex mit den rosa Ohren«: Copyright © 1993 by hpt Verlags-
gesellschaft m.b.H. & Co. KG, Wien
»Lerngymnastik«: Copyright © 1992 by hpt Verlags-
gesellschaft m.b.H. & Co. KG, Wien
Illustrationen: Erich Ballinger
Umschlagillustration: Susannah zu Knyphausen
Satz: Franzis-Druck GmbH, München
Druck und Bindung: Appl, Wemding
Printed in Germany
ISBN 3-426-76090-8

Erich Ballinger

Lerngymnastik für Kinder

Kinesiologische Übungen
im Kindergarten- und Schulalter

Knaur

Inhalt

Vorwort

Teil I und Teil II dieses Buches sind im Original als zwei Bilderbücher erschienen. Teil I richtet sich an Kinder ab dem vierten Lebensjahr. Der kleine, dickhäutige Held dieser Geschichte ist kein gewöhnlicher Elefant. Nein, Alex ist sehr gescheit, und in diesem Buch verrät er eine Menge schlauer »Tricks«. Dabei handelt es sich um vielfach erprobte und bewährte Übungen aus der Edu-Kinestetik. Teil II beschreibt anregende und lustige Bewegungsübungen für Schüler. Diese Übungen ermöglichen ein leichteres Lernen, eine bessere Konzentration, müheloses Lesen, und sie vermeiden, daß man Schulstreß spürt.

Wie funktioniert Edu-Kinestetik?

Dr. Paul E. Dennison, ein amerikanischer Pädagoge, hat mit Edu-Kinestetik eine leicht anwendbare Methode zur Förderung ganzheitlichen Lernens entwickelt und damit beachtliche Erfolge erzielt. Er fand heraus, daß viele Kinder mit Lern- und Konzentrationsproblemen nur mit einer Gehirnhälfte arbeiten. Diese Kinder strengen sich beim Lernen zu sehr an, kommen dadurch unter Leistungsstreß, strengen sich noch mehr an und fühlen sich schließlich nur noch als Versager. Durch einfache Bewegungs- und Energieübungen werden beide Gehirnhälften zusammengeschaltet, das Kind nutzt sein volles Potential und fühlt sich wohl.
Diese Zusammenhänge werden im »Begleitwort für Eltern …« am Ende von Teil I etwas ausführlicher behandelt. Dort finden Sie auch genaue Anleitungen zu den einzelnen Edu-Kinestetik-Übungen.
Lesen Sie bitte zuerst das Begleitwort durch, bevor Sie Ihrem Kind bzw. Ihrer Kindergruppe aus dem Buch vorlesen, die Übungen erklären und gemeinsam ausführen.

Warum Edu-Kinestetik schon für Kindergartenkinder?

Etwa bis zum vierten, fünften Lebensjahr lernen Kinder automatisch ganzheitlich. Sie entdecken die Welt durch Krabbeln, Tasten, Riechen und Schmecken mit allen Sinnen. Erst durch schulisches Lernen, das größtenteils die verstandesmäßig-logische (meist linke) Gehirnhälfte fördert und die bildhaft-kreative (meist rechte) Hälfte vernachlässigt, wird ganzheitliches Lernen behindert. Dieses Buch will Kindern das großartige Zusammenspiel von Gehirn und Körper zeigen.

Durch regelmäßiges Üben mit »Alex« und Edu-Kinestetik werden Ihre Kinder mit mehr Spaß und Neugier an alle zukünftigen Lernaufgaben herangehen und sie problemlos meistern.

Edu-Kinestetik für Schulkinder

Auch Lesen und Lernen funktionieren nur dann optimal, wenn beide Gehirnhälften zusammenarbeiten. Dies bewirken die zahlreichen illustrierten Übungen in Teil II: Sie sind eine wirksame praktische Hilfe, wenn Schulkinder Schwierigkeiten beim Lernen und Lesen haben und sich durch die Schule mühen. Doch auch für Kinder, die keine dieser Beschwerden aufweisen, ist die Anwendung der Übungen sinnvoll.

Beschrieben werden einerseits Ruheübungen, die vor allem die Konzentrationsfähigkeit fördern und bei Nervosität, Unsicherheit sowie Angst helfen, und andererseits Aktivitätsübungen, die munter machen und den Kindern beim Lernen und Lesen helfen.

Die Übungen sind leicht zu verstehen. Sie bewirken auch, daß die Kinder lernen, sich die Bewältigung der Lernaufgaben zuzutrauen, und daß sie überhaupt mehr Selbstvertrauen gewinnen.

Teil I

Alex mit den rosa Ohren

Bewegungsübungen für Kinder
im Kindergarten- und Vorschulalter

Peter und Paulinchen haben einen Freund.
Es ist Alex, ein kleiner Elefant mit rosa Ohren. Alex
ist sehr gescheit und kennt viele Tricks. Er hat nur
einen Fehler: Er frißt zuviel.

Die Kinder treffen Alex
immer beim Apfelbaum im
Garten hinter dem Haus.
»Was machen wir heute?«
fragt Peter.
»Wir gehen auf
Abenteuer«, sagt Alex und
schiebt sich einen großen,
roten Apfel ins Maul.

Er führt Peter und Paulinchen zu einer dicht
verwachsenen Ecke im Garten.
»Jetzt beginnt der Spaß«, ruft er, »ihr müßt auf
allen vieren kriechen.«
Alex stapft voran und bahnt den Weg durch das
Gestrüpp. Die Kinder krabbeln hinter ihm her,
tiefer und tiefer hinein in den dunkelgrünen Tunnel.

Endlich ist der lange,
finstere Gang zu Ende.
Die drei Abenteurer
erreichen eine Lichtung.
»Uff, das war
anstrengend«, stöhnt Peter,
und Paulinchen seufzt:
»Bin ich müde!«
»Müde?« lacht Alex.
»Dagegen kenne ich einen
Trick.«

Der Elefant rollt auf den Rücken und bewegt
seine Beine so, daß..., daß... Na, auf dem Bild
siehst du ohnehin, wie es gemacht wird.
Auch die Kinder versuchen es, und nach kurzer
Zeit sind alle wieder frisch und fit.

»Es geht weiter«,
trompetet Alex und
verschlingt noch schnell
ein paar duftende Blumen.

Ein breiter, tiefer Fluß
versperrt den drei
Freunden den Weg. Da
liegt ein Krokodil faul auf
einem Stein und knurrt:
»Wenn ihr durch den Fluß
schwimmt, fresse ich euch.«
Die Kinder erschrecken
sehr, doch Alex flüstert:
»Da fällt mir ein Trick ein.
Setzt euch auf meinen
Rücken, reibt mit zwei
Fingern unter dem Hals,
und mit der anderen Hand
berührt leicht euren Nabel.«

12

Sobald die Kinder auf dem Rücken von Alex sitzen, springt der kleine Elefant ins Wasser. Peter und Paulinchen reiben unter dem Hals und berühren den Nabel, und Alex rudert mit seinen rosa Ohren schnell über den Fluß. Das Krokodil sperrt Augen und Maul weit auf und vergißt ganz zu fressen. »Das wäre geschafft«, meint Alex stolz und stopft einige Seerosenblätter in sich hinein.

Nach einiger Zeit muß Paulinchen gähnen. Peter
fallen immer wieder die Augen zu, und auch Alex
schläft fast im Gehen ein.
»Warum sind wir denn auf einmal so müde?«
brummt Alex.
»Da!« schreit Paulinchen und zeigt auf die
Schlange, die mit großen, runden Augen auf die
drei Freunde starrt und sie einschläfern will.

Alex trompetet! »Schnell,
macht es wie ich!« Im Nu
halten die Kinder zwei Finger
an die Unterlippe, und zwei
Finger der anderen Hand
berühren den Bauchnabel.

Die Augen der Schlange werden kleiner und kleiner, bis sie fast nicht mehr zu sehen sind. Sie schleicht sich schlängelnd davon und zischelt ärgerlich: »Die kennen wohl alle Tricks.«
»Das war knapp«, sagt Alex und reißt im Weitergehen einige saftige Büschel Gras aus.

Dunkle Wolken ziehen auf.
Donner grollt, und Blitze
zucken. Wind bläst den drei
Abenteurern ins Gesicht.
Erste schwere Tropfen fallen.
Alex breitet seine großen rosa
Ohren aus, und die Kinder
stellen sich darunter. Peter und
Paulinchen kuscheln sich eng
an den Elefanten und bleiben trocken.
»Gewitter machen mich ganz nervös«,
flüstert Peter, und Paulinchen
schaut ängstlich auf die niederzuckenden Blitze.
Alex sagt: »Versucht meinen berühmten Trick gegen
Unruhe und Angst.«
Die Kinder halten zwei Finger an die Oberlippe
und berühren mit zwei Fingern der anderen Hand
die Stelle oberhalb ihres Popos. Der Trick wirkt.
Peter und Paulinchen werden ruhig und fühlen sich
so wohl wie zu Hause in ihrem Bett.

Bald zieht auch das
Gewitter vorüber, und die
Sonne scheint wieder.
Alex macht einen großen
Schluck Wasser aus einer
Pfütze, dann geht es weiter.

Peter, Paulinchen und Alex kommen zu einer tiefen Schlucht. Ein umgestürzter Baumstamm ist der einzige Weg auf die andere Seite.

»Ich trau' mich nicht«, sagt Paulinchen.
»Ich habe Angst«, flüstert Peter.
»Und ich kenne einen Trick dagegen«, freut sich Alex. »Legt zwei Finger auf den Knochen hinter dem Ohr, dort, wo ihr eine Mulde spürt, und zwei Finger berühren den Bauchnabel.« Die Kinder versuchen es – und schwupp, hast du's nicht gesehen, ist die Angst weg.

Mutig wie die Löwen balancieren die drei Freunde über den Baumstamm auf die andere Seite des gefährlichen Abgrunds.

»Abenteuer machen ganz
schön hungrig«, sagt Alex.
»Zeit für eine kleine
Erfrischung.«
Auch den Kindern knurrt
der Magen, und sie sind
froh, sich hinsetzen zu
können. Alex macht sich
auf Nahrungssuche.

Schon nach kurzer Zeit kommt Alex wieder,
beladen mit saftigen Früchten.
»Grätscht eure Beine, und bewegt eure Arme hin
und her«, ruft er und häuft Berge von Bananen,
Ananas, Melonen, Kokosnüssen, Orangen, Gurken,
Karotten und Erdbeeren vor den Kindern auf.
»Und das nennst du eine kleine Erfrischung?« fragt Peter.
»Na klar«, antwortet der Elefant. »Ich brauche das und
noch viel mehr, sonst fallen mir keine Tricks ein.«

Daraufhin schiebt sich
Alex eine große
Wassermelone ins Maul,
und dann sagt er lange
Zeit nichts mehr.

Peter und Paulinchen
staunen, was Alex alles
essen kann.
Er ißt:

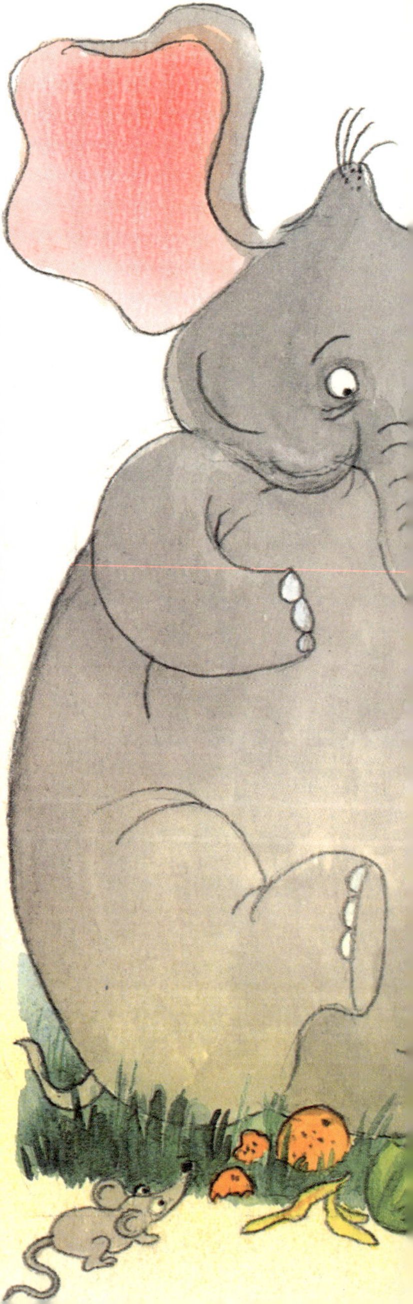

»Jetzt bin ich satt«, grunzt Alex zufrieden und
klopft sich auf den Bauch. –
»Ops«, ruft er erschrocken, »ich bekomme die
Hände über dem Bauch nicht mehr zusammen.«

Die Kinder lachen und rufen
fröhlich: »Wir können
das schon noch und denken
dabei an etwas ganz
Schönes.« Sosehr sich
Alex auch bemüht, es ge-
lingt ihm nicht. Sein Bauch
ist zu groß und zu rund.

»Wenn er nur nicht
Bauchweh bekommt«,
seufzt Paulinchen zu Peter.

»Au, mein Bauch«,
jammert Alex plötzlich.
Der Elefant sieht etwas
grünlich aus, und in
seinem Bauch rumort es.
»Gegen brummende
Bäuche weiß ich einen
Trick«, ruft Paulinchen.
»Los, Alex, wir machen ein
Tänzchen.«
Mühsam und stöhnend erhebt sich
der Elefant und versucht, es den Kindern nachzumachen.
Erst läuft es nicht so recht, doch bald kommt er
in Schwung und tanzt schließlich so eifrig, daß die
Maulwürfe den Tanzboden fluchtartig verlassen.

»Ja, jetzt geht es mir schon viel besser«, ruft der Elefant froh. »Ich werde bestimmt nichts mehr essen – bis zur nächsten Mahlzeit.«

Die Sonne geht unter, und es wird dunkel.
»Es ist schon spät«, stellt Peter fest, »wie kommen
wir wieder nach Hause?«
»Ich weiß nicht«, antwortet Alex.
»Ich auch nicht«, piepst Paulinchen.

»Laßt uns nachdenken«, meint Alex und zieht
sachte an seinem Ohr.
Die drei ratlosen Abenteurer denken und denken
und ziehen sich die Ränder ihrer Ohren von oben
nach unten glatt. Nach einer Stunde fragt Alex: »Ist
euch schon was eingefallen?«

Die Kinder schütteln den Kopf.
»Dann laßt uns weiter
nachdenken«, seufzt Alex
und zieht am anderen
Ohr. Sie denken und
denken und ziehen an
ihren Ohren. Die rosa
Ohren von Alex sind
schon ganz rot. Plötzlich trompetet der Elefant:
»Ich hab's!«

»Setzt euch auf meinen Rücken«, sagt der Elefant.
»Streckt den Arm aus, legt das Ohr auf die Schulter, und
zeichnet einen Flugzeugpropeller in die Luft.« Auch Alex
bewegt seinen Rüssel und breitet die rosa Ohren weit aus.
Langsam erhebt sich der Elefant mit den Kindern in die Luft.

»Schneller!« schreit Alex und läßt den Rüssel sausen. Höher und höher steigen sie, schneller und schneller gleiten sie dahin. Bald sehen sie unter sich den kleinen Garten hinter dem Haus. Sie landen sachte neben dem Apfelbaum. Etwas atemlos, aber glücklich, klettern die Kinder von Alex' Rücken. »War das ein Abenteuer!« ruft Peter. »Kommst du morgen wieder?« fragt Paulinchen. »Aber sicherlich«, meint Alex und holt sich im Weggehen einen Apfel vom Baum.

Begleitwort für Eltern, Kindergarten- und Vorschulpädagog(inn)en zu Teil I

Einführung

Die Bezeichnung »Edu-Kinestetik« ist abgeleitet vom lateinischen *educere* (= »herausholen«) und vom griechischen *kínesis* (= »Bewegung des menschlichen Körpers«). Edu-Kinestetik ist eine Methode, die Kindern wie Erwachsenen hilft, die im Gehirn verborgenen, nicht genutzten Potentiale und Fähigkeiten durch Bewegungsübungen »herauszuholen«.

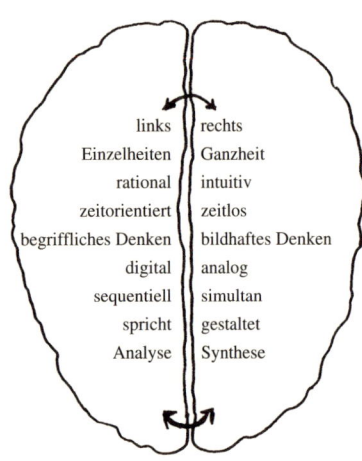

links	rechts
Einzelheiten	Ganzheit
rational	intuitiv
zeitorientiert	zeitlos
begriffliches Denken	bildhaftes Denken
digital	analog
sequentiell	simultan
spricht	gestaltet
Analyse	Synthese

Unser Gehirn besteht aus zwei Gehirnhälften. Jede Hälfte ist für bestimmte Aufgaben zuständig (siehe Abbildung), doch nur wenn beide gut zusammenarbeiten, ist erfolgreiches und müheloses Lernen möglich.

Die linke Gehirnhälfte steuert die rechte Körperseite und die Wahrnehmungen des rechten Auges und rechten Ohres. Die rechte Gehirnhälfte dagegen kontrolliert die linke Körperseite, das linke Auge und das linke Ohr.

Verbunden sind unsere beiden Gehirnhemisphären durch das »Corpus callosum«, ein komplexes Bündel von Nervenfasern. Dieses dient als Schaltstelle für den Informationsaustausch zwischen den zwei Gehirnhälften.

Normalerweise lernen wir in der Kindheit spontan, zu kriechen und zu krabbeln. Beim Krabbeln bewegt das Kind synchron den rechten Arm und das linke Bein (oder umgekehrt), um vorwärts zu kommen. Der Kopf wird dabei in die Richtung des sich vorne befindenden Armes gedreht. Bei dieser »Über-Kreuz-Bewegung« lernen die beiden Gehirnhälften, harmonisch zusammenzuarbeiten.

Dr. Dennison entdeckte, daß die meisten Kinder mit Lese-Rechtschreib-Schwäche (»Legasthenie«) Schwierigkeiten haben, die Über-Kreuz-Bewegung auszuführen. Er entwickelte daraufhin eine wirksame Methode, die *»Dennison-Lateralitätsbahnung«*, die bereits vielen Kindern weltweit helfen konnte. Sollte Ihr Kind bei der Über-Kreuz-Bewegung (das sind in Teil I die folgend beschriebenen Übungen 1, 2, 7 und 9) ernsthafte Probleme haben, so empfehlen wir, eine Lateralitätsbahnung durchzuführen (siehe das Buch *EK für Kinder* von Dr. Dennison).

1. Übung: Krabbeln (S. 8/9)

Das Krabbeln ist die Einstiegsübung für dieses Buch, da Sie dabei sofort feststellen können, ob Ihr Kind Schwierigkeiten mit dem Über-Kreuz-Bewegungsmuster hat oder nicht.

Lassen Sie Ihr Kind einfach auf allen vieren draufloskrabbeln. Sie können zum Beispiel auf allen vieren Fangen spielen. Achten Sie genau darauf, daß Ihr Kind »über Kreuz« krabbelt; das heißt, wenn der linke Arm nach vorne bewegt wird, muß sich gleichzeitig das rechte Bein nach vorne bewegen. Sollte Ihr Kind nach mehrmaligem Vorzeigen noch Probleme mit dieser Übung haben, empfehlen wir, eine Lateralitätsbahnung durchzuführen (siehe oben).

Was wird bewirkt?
– Beide Gehirnhälften werden gleichzeitig aktiviert.
– Die Links-rechts-Koordination wird verbessert.
– Binokulares (beidäugiges, plastisches) Sehen wird verbessert.
Dauer der Übung: etwa 1 Minute, 2 bis 3 Runden durchs Zimmer.

2. Übung: Über-Kreuz-Sit-ups (S. 10/11)

Bei den herkömmlichen Rumpfbeugen oder Sit-ups kommt es häufig zu einer Überanstrengung der Rückenmuskulatur; das kann bei Über-Kreuz-Sit-ups nicht passieren.
Die Kinder liegen auf dem Rücken, der Kopf und die Knie sind leicht angehoben. Nun wird abwechselnd mit einer Hand das jeweils gegenüberliegende Knie berührt. Ältere Kinder können die anspruchsvollere Variante machen: Auf dem Rücken liegend, sind die Arme hinter dem Kopf verschränkt, mit dem Ellbogen wird das gegenüberliegende Knie abwechselnd berührt. Die Beine bewegen sich dabei wie beim Radfahren.
Spezialtip: Bei allen Über-Kreuz-Bewegungen können Sie als Motivationsgag farbige Aufkleber oder Bänder an den gegenüberliegenden Armen und Beinen der Kinder anbringen.

Was wird bewirkt?
– Beide Gehirnhälften werden gleichzeitig aktiviert.
– Die Bauchmuskeln werden gestärkt.
– Die Lendenwirbelsäule wird entspannt.
– Die Aufnahmebereitschaft wird verbessert.
Dauer der Übung: ca. 10- bis 15mal.

3. Übung: Gehirnknöpfe (S. 12/13)

Hierbei handelt es sich um eine Energieübung. Alle Informationen, die wir mit unseren Sinnen aufnehmen, werden in elektrische Signale umgewandelt und über die Nerven zum Gehirn geleitet. Die Gehirnknöpfe sind Akupunkturpunkte auf dem Nierenmeridian.
Zeigen Sie den Kindern, wo genau die Gehirnknöpfe liegen (siehe Abbildung). Sie finden sie an den weichen Stellen unterhalb des Schlüsselbeins, direkt links und rechts an das Brustbein angrenzend.

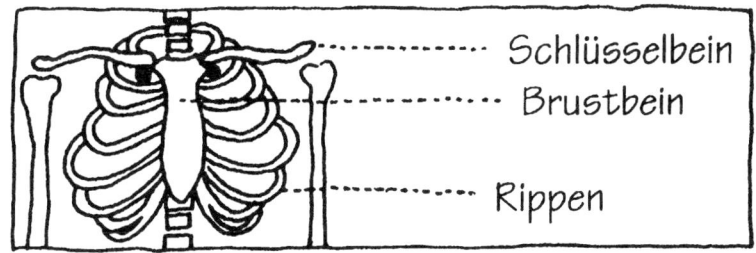

Die Kinder reiben mit Daumen und Zeigefinger der einen Hand leicht die Gehirnknöpfe, während die andere Hand den Bauchnabel hält. Dann können die Hände gewechselt werden.

Spezialtip: Wenn den Kindern das Finden oder leichte Massieren der Gehirnknöpfe zu schwerfällt, lassen Sie sie mit der flachen Hand ganz leicht einige Male auf die Stelle unterhalb des Schlüsselbeins klopfen.

Was wird bewirkt?
– Koordination beider Gehirnhälften.
– Verbessert die Zusammenarbeit beider Augen (kann Schielen lindern).
– Erhöht den Fluß der elektromagnetischen Körperenergie.
– Verbessert das Links-rechts-Körpergleichgewicht.
Dauer der Übung: mit jeder Hand je 30 Sekunden.

4. Übung: Erdknöpfe (S. 14/15)

Die Erdknöpfe sind Akupunkturpunkte mit direktem Bezug zur Gehirnaktivierung. Sie sind geistige Muntermacher.

Die Kinder sollen zwei Finger einer Hand unterhalb der Unterlippe legen, während die andere Hand den Bauchnabel hält. Bitten Sie die Kinder, dabei entlang einer Ecklinie vom Fußboden zur Decke auf und ab zu schauen und tief ein- und auszuatmen.

Spezialtip: Erzählen Sie den Kindern, daß Alex, Peter und Paulinchen durch diese Übung so wach geworden sind, daß die Schlange es mit der Angst zu tun bekommen hat.

Was wird bewirkt?
– Schnelles Umstellen des Auges von fern auf nah.
– Geistige Aufgewecktheit.
– Beim Lesen in der richtigen Zeile bleiben.
Dauer der Übung: 1 Minute.

5. Übung: Raumknöpfe (S. 16/17)

Die Raumknöpfe sind ebenfalls Akupunkturpunkte, die mit dem Gehirn, der Wirbelsäule und dem zentralen Nervensystem verbunden sind. Sie bringen Entspannung.
Die Kinder halten zwei Finger einer Hand über die Oberlippe, während die andere Hand direkt über dem Steißbein liegt. Wichtig ist, daß die Mittellinie (Wirbelsäule) berührt wird. Die Kinder wieder bitten, tief aus- und einzuatmen, und die Hände wechseln, das aktiviert beide Gehirnhälften.
Spezialtip: Erzählen Sie den Kindern, daß diese Übung gegen Unruhe und Angst hilft. Bei einem Gewitter beispielsweise ist sie ein guter »Blitzableiter«-Trick.

Was wird bewirkt?
– Entspannung des Zentralnervensystems.
– Bequem und aufrecht auf dem Stuhl sitzen können.
– Verlängert die Aufmerksamkeitsspanne.
– Während des Lesens bei der Sache bleiben.
Dauer der Übung: 1 Minute.

6. Übung: Balanceknöpfe (S. 18/19)

Durch Stimulation der Balanceknöpfe werden Körper und Geist in den drei Dimensionen links/rechts, oben/unten und hinten/vorne ins Gleichgewicht gebracht.

Die Balanceknöpfe liegen direkt über der Einbuchtung, wo der Schädel auf den Nacken trifft. Die Kinder berühren mit zwei oder mehr Fingern der rechten Hand den rechten Balanceknopf (sagen Sie den Kindern: »Dort, wo ihr eine Mulde spürt«), während die linke Hand den Bauchnabel berührt. Der Kopf soll dabei normal geradeaus gerichtet sein. Nach 30 Sekunden die Hände wechseln und mit der linken Hand den linken Balanceknopf halten.

Die Übung kann im Stehen, Sitzen oder Liegen gemacht werden.

Was wird bewirkt?
– Gefühl des Wohlfühlens und der Ausgeglichenheit.
– Bessere Konzentration.
– Bessere Aufnahmebereitschaft.
Dauer der Übung: pro Balanceknopf 30 Sekunden.

7. Übung: Wasser (S. 20/21)

Wasser spielt in der Edu-Kinestetik eine ebenso große Rolle wie für unseren Körper. Wasser ist ein hervorragender Leiter für elektrische Energie. Zu 70 Prozent besteht der Mensch aus Wasser. Alle chemischen und elektrischen Aktionen des Gehirns und des Zentralnervensystems sind von einer guten Leitung des elektrischen Stroms abhängig.

Achten Sie besonders darauf, daß Ihre Kinder ausreichend Wasser trinken (nicht zu kalt!) und viel frisches Obst und Gemüse – beide enthalten natürliches Wasser – zu sich nehmen. Wasser belastet den Körper nicht, sondern erfrischt anhaltend und macht munter.

8. Übung: Hände zusammenführen (S. 22/23)

Diese Energieübung versinnbildlicht das Zusammenschalten und die harmonische Kooperation beider Gehirnhälften.

Bitten Sie die Kinder, sich im Schneidersitz auf den Boden zu setzen, die Arme waagrecht vom Körper wegzustrecken und ganz langsam die Fingerspitzen der linken und der rechten Hand über dem Bauchnabel zusammenzuführen. Wenn sich die Fingerspitzen berühren, sollen sich die Kinder das Bild ihrer zwei Gehirnhälften, wie sie harmonisch zusammenarbeiten, vorstellen. Dabei tief durchatmen und an etwas ganz Schönes denken (zum Beispiel an das Aufblitzen der Lichter in der Zirkusmanege).

Was wird bewirkt?
- Abbau von emotionalem Streß.
- Erhöhtes Selbstwertgefühl.
- Verbesserte Aufmerksamkeit und Konzentration.
Dauer der Übung: ca. 2 Minuten.

9. Übung: Über-Kreuz-Tanzen (S. 24/25)

Dies ist die beste Übung für hyperaktive, unkonzentrierte Kinder. Und Hüpfen und Tanzen macht bestimmt allen Spaß!

Sie können die Übung in verschiedensten Variationen machen, wichtig ist dabei, daß die Bewegungen »übers Kreuz« gehen, also die rechte Hand berührt das linke Knie und umgekehrt.

Varianten können am besten durch Illustrationen gezeigt werden: siehe auch Teil II.

Nicht vergessen: Beim Über-Kreuz-Tanzen können die Farbkleber wieder zum Einsatz kommen!

Was wird bewirkt?
– Aktiviert beide Gehirnhälften gleichzeitig.
– Bessere Rechts-links-Koordination.
– Verbessertes Hören und Sehen.
– Bessere Atmung und Fitneß.
Dauer der Übung: mindestens 1 Minute.

10. Übung: Denkmütze (S. 26/27)

Bei dieser Übung werden über 400 Akupunkturpunkte an und in den Ohren stimuliert. Diese Punkte stehen in direkter Verbindung mit verschiedenen Funktionen des Gehirns und des Körpers. Also: Wer nicht hören will, muß die Ohren spitzen!

Die Kinder sollen mit Zeigefinger und Daumen beider Hände sanft an beiden Ohren ziehen, so als wollten sie den äußeren Ohrenrand glattbügeln. Oben am Ohr beginnen und langsam zum Ohrläppchen streicheln. Sie können während der Übung ein Liedchen mit den Kindern singen.

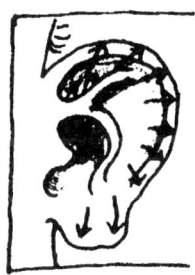

Was wird bewirkt?
– Steigerung der Aufmerksamkeit.
– Besseres Sprechvermögen.
– Aktivierung des Gedächtnisses.
Dauer der Übung: dreimal von oben nach unten massieren.

11. Übung: Liegende Acht (S. 28/29)

Die liegende Acht wird viel in der
Sonderschulpädagogik und bei Kindern mit Lese-Rechtschreibschwä-
che eingesetzt. Sie ermöglicht eine
leichte, übergangslose Überkreuzung der Mittellinie.

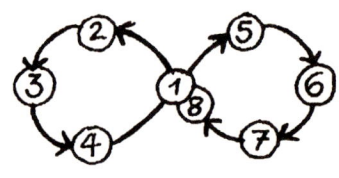

Am besten zeichnen Sie eine möglichst große (aber nicht größer als die
Reichweite eines Kinderarmes) liegende Acht an eine Tafel oder auf einen
Bogen Papier, den Sie in Augenhöhe der Kinder an die Wand hängen.
Lassen Sie die Kinder die liegende Acht zuerst mit dem ausgestreckten
Arm in der Luft nachfahren. Begonnen wird am Schnittpunkt, von dort
geht es entgegen dem Uhrzeigersinn nach links oben, im Kreis zurück zur
Mitte und von da im Uhrzeigersinn nach rechts oben und wieder im Kreis
zurück zum Schnittpunkt und gleich wieder nach links oben usw.
Die Kinder sollten die Übung mit jeder Hand einige Male machen und
zuletzt mit beiden Händen.
Achten Sie darauf, daß die Kinder möglichst große Achter zeichnen und
ihre Augen dem zeichnenden Arm folgen.
Natürlich können die Kinder auch selbst liegende Achter auf Papier oder
an die Tafel malen bzw. ohne Vorlage in die Luft zeichnen.

Was wird bewirkt?
– Beide Gehirnhälften werden aktiviert.
– Verbessertes beidäugiges Sehen.
– Behebt Buchstabenverwechslungen beim lese- und rechtschreib-
  schwachen Kind.
– Erleichtert das Unterscheiden und Merken von Symbolen.
Dauer der Übung: fünfmal mit jeder Hand, fünfmal mit beiden Händen
gleichzeitig.

Teil II

Lerngymnastik

*Bewegungsübungen für mehr
Erfolg in der Schule*

WIE? AUCH DU

hast Schwierigkeiten beim Lernen und Lesen und mühst dich durch die Schule? Es ist zwar kein Trost – doch so wie dir geht es vielen. Trost brauchst du auch gar nicht, du benötigst etwas Praktisches.

So wie dieses Buch, die *Lerngymnastik für Kinder*. Du wirst dich fragen: Was hat Gymnastik mit Lernen und Lesen zu tun? – Nun, wir haben in unserem Kopf zwei Gehirnhälften; jede hat eine andere Aufgabe. Lernen und Lesen funktionieren nur dann gut, wenn beide Gehirnhälften zusammenarbeiten. Und genau darauf zielen die Übungen aus diesem Buch. Du darfst freilich nicht erwarten, daß

du nach ein bißchen Gymnastik zum Musterschüler wirst. Das geht nicht von einem Tag auf den anderen. Erst nach einiger Zeit und bei regelmäßigem Üben werden sich Erfolge einstellen.

In diesem Buch gibt es zwei Arten von Übungen: *Ruheübungen* sind vor allem gut für deine Konzentration, und sie helfen gegen Nervosität, Unsicherheit und Angst. *Aktivitätsübungen* machen dich so richtig munter und helfen beim Lernen und Lesen.

Turnen macht durstig. Trink zwischendurch ein Glas frisches, nicht zu kaltes Wasser!

Gymnastik macht Spaß, und die Übungen sind leicht zu erlernen. Und überhaupt, das traurige »Das kann ich nicht« ersetzt du von nun an durch das muntere »Das wäre doch gelacht, wenn ich das nicht schaffe!«

Wann? – Jetzt!

AUFWECKER (Gehirnknöpfe)

Müde? Lustlos? Abgekämpft? –
Versuch mal das:

- **Mit Daumen und Zeigefinger einer Hand massierst du die zwei Gehirnknöpfe.** Du findest sie an den weichen Stellen unter den Schlüsselbeinen, knapp beim Brustbein.

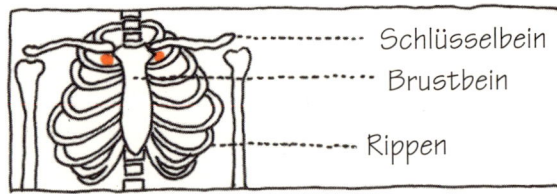

Schlüsselbein
Brustbein
Rippen

- **Mit dem Zeige- und Mittelfinger der anderen Hand reibst du den Nabel mit kreisförmigen Bewegungen.**

Für jene, die mehr wissen wollen

Durch die Stimulierung der »Gehirnknöpfe« wird ein Zusammenschalten beider Gehirnhälften erreicht.
Beim Legastheniker hilft diese Übung
– bei der Zusammenziehung der Konsonanten,
– gegen Verwechslungen und Umdrehungen von Buchstaben,
– bei der Überschreitung der Mittellinie.
Dauer der Übung: 1 Minute.

- Deine Zunge legst du auf den Gaumen. Denk dabei an etwas Schönes.
- Nach 1 Minute bist du frisch und läufst ab wie ein – Wecker.

Ahh! Fast so erfrischend wie die Aufweckerübung.

KREUZTANZEN

(Über-Kreuz-Bewegung)
Ein Tänzchen gefällig? – Schieb die Kassette* ein,
und los geht's!

- Wie im Bild mußt du mit einer Hand das gegenüberliegende Knie berühren. Dann wechselst
  du. Linke Hand/rechtes Knie ... rechte Hand/
  linkes Knie ... linke Hand/rechtes Knie ...
  Laß die Arme schwingen, locker bleiben, paß
  dich dem Rhythmus der Musik an ... links ...
  rechts ... links ...

- Laß deine Augen kreisen.
  Nach oben, nach unten, nach
  links, nach rechts ...

> ### *Für jene, die mehr wissen wollen*
> Über-Kreuz-Bewegungen stimulieren beide Gehirn-
> hälften gleichzeitig, erleichtern das Kreuzen der
> Mittellinie und ermöglichen somit besseres Lernen.
> Zusätzlich fördert diese Übung
> – binokulares (beidäugiges, plastisches) Sehen,
> – Raumbewußtsein (Rechts-links-Unterscheidung),
> – Gehirn-Muskel-Koordination.
> *Dauer der Übung:* mindestens 1 Minute.
>
> * Die Musikkassette zum Buch ist im Buchhandel erhält-
>   lich.

Nach der Übung setzt du dich bequem hin und verschränkst die Finger. Denk dabei daran, wie gut deine beiden Gehirnhälften zusammenarbeiten!

Mehr Kreuztänze findest du auf den Seiten 62/63.

BLITZABLEITER

(Erd- und Raumknöpfe)

Wenn es in deinem Kopf zugeht wie bei
einem Gewitter – wenn du angespannt
und unruhig bist –, dann schaffst du
Ruhe durch die Blitzableiterübung:

- Mit zwei Fingern rubbelst du die Stelle ober-

 halb der Oberlippe und unter-
halb der Unterlippe. Zeige- und
Mittelfinger der anderen
Hand legst du auf den Nabel
und massierst ihn sanft.

Nach drei tiefen Atemzügen wechselst du die Hände und atmest
wieder dreimal durch.

Für jene, die mehr wissen wollen

Die Erd- und Raumknöpfe sind wichtige
Akupressurpunkte.
Die Massage dieser Punkte bewirkt
- Entspannung des zentralen Nerven-
  systems,
- Steigerung der Konzentration,
- Stimulierung zur Arbeit im Gehirn-
  mittelfeld,
- Minderung überaktiven Verhaltens.
Dauer der Übung: etwa je 1 Minute.

- Es macht Spaß, während des Rubbelns zu summen.
- Nun zum zweiten Teil der Übung: Eine Hand kommt wieder an den Nabel, mit der anderen reibst du sanft das Steißbein.

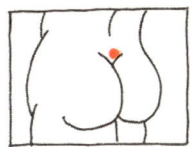

Drei tiefe Atemzüge – Hände wechseln – drei tiefe Atemzüge –, und schon hast du wieder schönes Wetter im Kopf.

Übrigens: Mach vor und nach dieser Übung den »Aufwecker«!
                    Das erfrischt.

Mmmmm...!

Bei uns Elefanten sieht diese Übung etwas anders aus!

OHRENSPITZEN

(Denkmütze)

Wer will schon an den Ohren gezogen werden?
Doch wenn du selbst an deinen eigenen Ohren
ziehst – zart und mit Gefühl natürlich –, kann
das auch Vorteile haben.

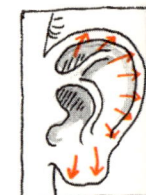

- Mit Zeigefinger und Daumen ziehst
  du den Rand deiner Ohren nach
  außen, so als wolltest du sie aus-
  falten. Beginn am oberen Rand des
  Ohrs, und geh nach unten bis zum
  Ohrläppchen!

Für jene, die mehr wissen wollen

Bei dieser Übung werden Aku-
punkturstellen berührt, die haupt-
sächlich den Wahrnehmungsbereich
des Hörens und Hörverstehens
stimulieren:
- Steigerung der Aufmerksamkeit,
- besseres Zuhören und Sprechen,
- Aktivierung des Gedächtnisses,
- Kreuzen der Mittellinie im Bereich
  des Hörens.

Dauer der Übung: 15mal.

- Nach 15mal Ohrenreiben wirst du besser und aufmerksamer zuhören können. Niemand wird dir sagen müssen: »Spitz deine Ohren!«

- »Große Ohren, großer Durst!« sagt ein Sprichwort. Wie wäre es wieder einmal mit einem Glas Wasser?

Doch nicht so, du Clown!

So höre ich das Gras wachsen!

LICHTSCHALTER

(Stirnbeinhöcker – positive Punkte)

Angst haben wir alle: vor Prüfungen, vor
Strafen, vor dem Versagen... Angst
lähmt unser Denken und erzeugt
Finsternis in unserem Kopf – Kurz-
schluß, Stromausfall.
Dreh deinen Lichtschalter an,
und schon wird es wieder hell!

- Deine Lichtschalter
  findest du auf der
  Stirn zwischen
  Augenbrauen und Haar-
  ansatz. (Die Stirn
  hat hier kleine Höcker.)

- Berühre mit den Fingerkuppen sanft diese
  Punkte! Schließ dabei die Augen, und
  entspanne dich! Denk an ein Erlebnis,
  mit dem du nicht fertig geworden bist.

> *Für jene, die mehr wissen wollen*
> Die Berührung der Stirnbeinhöcker hilft, eine positive Ein-
> stellung zu unbewältigten und unangenehmen Erlebnissen zu
> finden.
> Diese Übung
> – baut Streß und Spannungen ab,
> – löst Gedächtnisblockaden (»Ich hab's auf der Zunge«),
> – aktiviert das Gedächtnis,
> – hilft, wertfrei zu beurteilen.
> *Dauer der Übung:* nach Belieben, mindestens 1 Minute.

• Du kannst dir die Lichtschalter auch von jemand anderem berühren lassen. So kannst du leichter entspannen.

• Eine ähnliche Wirkung erzielst du auch, wenn du **den Nagel des Ringfingers auf die Daumenkuppe** legst. Das fällt nicht auf und kann auch während einer Prüfung gemacht werden.

Jetzt geht mir ein Licht auf!

ENERGIESITZEN

(Cook-Übung)

Wenn es mit der Konzentration nicht klappt, wenn
du müde oder nervös bist, dann versuch es einmal
mit einer Energiesitzung!

- **Setz dich hin wie auf Bild 1.** Ob du das rechte
  über das linke Bein legst oder umgekehrt,
  mußt du selbst herausfinden. Sitz, wie es
  für dich bequemer ist!

Schließ die Augen,
atme tief durch die
Nase ein, und leg
dabei die Zunge auf
den Gaumen. Atme durch den Mund aus, und
laß dabei die Zunge lose im Mund!

Für jene, die mehr wissen wollen

Energiesitzen ist zugleich Entspannungs- und
Stimulationsübung.
Besonders gefördert werden dadurch
- emotionale Zentriertheit (Abbau von Über-
  sensibilität),
- Aufmerksamkeit,
- Gleichgewicht und Koordination,
- Selbstwertgefühl,
- Atmung.

Dauer der Übung: 1 Minute pro Stellung.

- Nach etwa einer Minute setzt du dich so wie auf Bild 2. Fingerspitzen aneinander halten – tief atmen –, eine Minute lang.

- Na, wie fühlst du dich? – Du könntest Bäume ausreißen? Gut für dich – aber bitte laß die Bäume stehen!

Ich fühle mich so stark wie eine ganze Elefantenherde!

Bild 1   Bild 2

ELEFANTENWIEGE

(Elefantenübung)

Stell dir vor, du bist ein Elefant. Einer mit großen Ohren, einem langen Rüssel und starken Beinen, die fest am Boden stehen.

- Elefanten wiegen oft ihren Körper langsam hin und her. Mach es ihnen nach:
  Leg dein Ohr an die Schulter.
  Dein ausgestreckter Arm ist
  der Rüssel, der fest mit dem
  Kopf verwachsen ist.

- Schwing nun Oberkörper, Kopf
  und Arm ruhig und locker
  durch die Luft – so daß eine
  große liegende Acht entsteht!

> ### Für jene, die mehr wissen wollen
>
> Zwischen Tonwahrnehmung und den Nackenmuskeln besteht ein wissenschaftlich erwiesener Zusammenhang.
> Durch das Elefantenwiegen wird
> – die Nackenmuskulatur entspannt,
> – Hörverstehen gefördert,
> – das Gleichgewichtsgefühl verbessert,
> – verborgenes Sprechvermögen freigelegt und
> – streßfreies Sprechen ermöglicht.
> *Dauer der Übung:* zehnmal zu jeder Seite.

- Beginne mit der Acht am Schnittpunkt mit einer Aufwärtsbewegung. Die Augen schauen auf die Finger und über die Finger in die Ferne.

- Mach diese Übung auch mit dem anderen Arm!

- Elefanten haben großen Durst. Trink nach der Elefanten-wiege ein Glas Wasser!

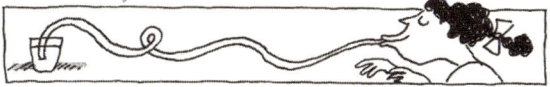

Darum sind wir Elefanten so gescheit!

LIEGENDE ACHT 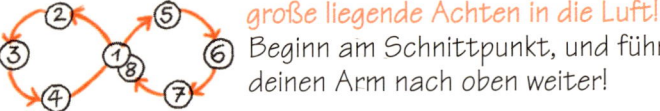 (Achterschleifen)

Wenn du beim Lesen und Schreiben immer die Buchstaben
verwechselst, so gibt es dagegen ein einfaches Mittel:

- **Streck den Arm deiner Schreibhand aus, und schwinge
  große liegende Achten in die Luft!**
  Beginn am Schnittpunkt, und führ
  deinen Arm nach oben weiter!

- **Jetzt mit dem anderen Arm, dann mit beiden Armen.**

- Laß sie weit aus-
  schwingen – groß sollen
  deine Achten werden.

- Der Kreuzungspunkt dei-
  ner Acht soll vor dir, zwischen den Augen liegen!

Für jene, die mehr wissen wollen
Die liegende Acht ermöglicht eine leichte, übergangslose
Überkreuzung der Mittellinie.
Diese Übung

- behebt Verwechslungen von Buchstaben beim
  lese- und rechtschreibschwachen Kind,
- fördert die Unterscheidungs- und Merkfähigkeit von Symbolen,
- erleichtert das Entschlüsseln der geschriebenen Sprache,
- verbessert Balance, Koordination und Zentrierung und
- unterstützt streßfreies Schreiben.

Dauer der Übung: 3 bis 5 Minuten.

● **Folge mit den Augen der Bahn deiner Fingerspitzen!**

● Mach diese Übung mit Musik von der Kassette!
Du kannst deinen Achten auch ein Wiegenlied
singen, damit sie besser schlafen können:

Drei, vier, fünf, sechs, sieben,
acht – sie ist noch nicht aufgewacht. Meine Acht schläft
gern im Liegen, drum ist sie
gleich im Bett geblieben.

Drei, vier, fünf, sechs, sieben, acht – sie ist noch nicht aufgewacht...

● Zeichne deine liegende Acht auch an die Tafel
und auf   Packpapier!

Liegende Achten
schreibe ich am
liebsten
im Liegen.

PENDELSCHWUNG
(Schwerkraftgleiter)

Sitzen, sitzen, sitzen: in der Schule, bei den Auf-
gaben, beim Lernen. – Es wird wieder einmal Zeit, dein
Sitzfleisch zu lockern. Das machst du mit dem
Pendelschwung:

- Überkreuze deine Beine wie auf dem Bild!
- Laß Oberkörper und Arme locker
  hinunterhängen!
- Schwing weit nach links und rechts wie das
  Pendel einer Kuckucksuhr!
- Mach die Übung, solange es
  dir Spaß macht, vergiß
  aber nicht, zwischendurch
  die Beine andersrum zu
  überkreuzen!

Nur fliegen
ist schöner!

● Versuch es einmal! Du wirst sehen, danach geht das Sitzen wieder leichter, und du fühlst dich beschwingt wie ein Kuckuck.

Kuckuck!

Für jene, die mehr wissen wollen

Der Pendelschwung lockert nicht nur die durch langes Sitzen verkrampfte Muskulatur, sondern aktiviert auch
– Gleichgewicht und Koordination,
– abstraktes Denken (Mathematik),
– visuelle Aufmerksamkeit,
– Selbstwertgefühl.
Dauer der Übung: solange es Spaß macht.

BEIDHANDZEICHNUNG

(Simultanzeichen)

Mit beiden Händen gleichzeitig
zeichnen – gar nicht schwer!

- Versuch es zunächst ohne Schreib-
  gerät in der Luft! – Wie ein Dirigent
  ohne Taktstock. Hör dir ein
  Musikstück an und dirigier dazu!
  Von adagio bis prestissimo –
  von piano bis fortissimo.

- Befestige einen Bogen Packpapier an der Wand.
  Nimm zwei verschiedene Farben (Kreide,
  Filzstifte, Farbstifte). Setz beide Stifte in der
  Mitte des Blattes an, und zeichne
  dieselbe Figur oder Form spiegel-
  bildlich mit beiden Händen –
  und los geht's!
  Nur nicht so zaghaft!

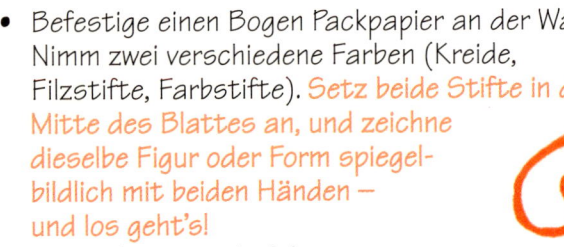

> ### Für jene, die mehr wissen wollen
>
> Bei diesen Zeichnungen kommt es nicht auf das
> Endprodukt an, wichtig ist die Tätigkeit selbst.
> Beidhandzeichnen
> – aktiviert die Augen-Hand-Koordination,
> – erleichtert das Kreuzen der Mittellinie,
> – entwickelt das Raumbewußtsein (besonders
>   links/rechts),
> – erweitert das periphere Sehen.
> *Dauer der Übung:* solange es Spaß macht.

- Geh mit der Zeit auf kleinere Formate über! Befestige das Blatt auf einem Zeichenbrett!

KREUZTANZSCHULE

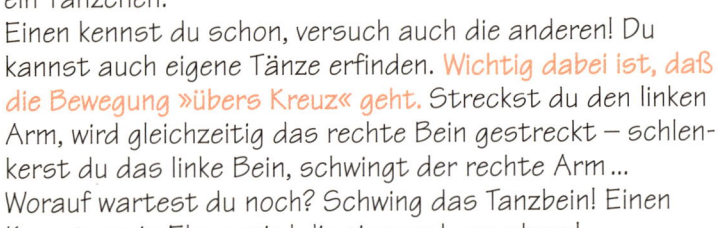

Fans – hier ist sie! Die erste Kreuz-
tanzschule mit den neuesten Hits.
Wenn immer du müde, nervös, geschafft oder unkonzentriert bist, hilft
ein Tänzchen.
Einen kennst du schon, versuch auch die anderen! Du
kannst auch eigene Tänze erfinden. Wichtig dabei ist, daß
die Bewegung »übers Kreuz« geht. Streckst du den linken
Arm, wird gleichzeitig das rechte Bein gestreckt – schlen-
kerst du das linke Bein, schwingt der rechte Arm ...
Worauf wartest du noch? Schwing das Tanzbein! Einen
Kreuztanz in Ehren wird dir niemand verwehren!

LINKSRECHTSTANGO

KREUZBEINTWIST

Für jene, die es genau wissen wollen:
Weitere Bücher zum Thema Angewandte Kinesiologie

Dr. Paul E. Dennison, Befreite Bahnen, 177 S., 70 Abb., Verlag für Angewandte Kinesiologie

Dr. Paul. E. Dennison/Gail Dennison, EK für Kinder, 93 S., 53 Abb., Verlag für Angewandte Kinesiologie

Dr. Paul E. Dennison, Brain-Gym, 65 S., 32 Abb., Verlag für Angewandte Kinesiologie

Dr. Paul E. Dennison/Gail Dennison, Lehrerhandbuch Brain-Gym, 54 S., 115 Abb., Verlag für Angewandte Kinesiologie

Kim da Silva, Richtig Essen zur richtigen Zeit – Ernährung und Kinesiologie, 224 S., Knaur (Band 76020)

Kim da Silva, Kinesiologie – das Wissen um die Bewegungsabläufe in unserem Körper, 239 S., Knaur (Band 76021)

Kim da Silva/Do-Ri Rydl, Energie durch Bewegung – Kinesiologische Übungen für die ganze Familie, 204 S., 75 Abb., Knaur (Band 76115)